DE LA
REINE D'ANGLETERRE

ET DE

NAPOLÉON BONAPARTE,

TOUS DEUX MORTS D'UN CANCER.

PAR ALEXANDRE BARGINET (de Grenoble).

Il vous faudra bientôt. . . . . . .
Soutenir vos fureurs par d'autres cruautés,
Et laver dans le sang vos bras ensanglantés.
RACINE.

PARIS,

CHEZ TOUS LES MARCHANDS DE NOUVEAUTÉS.

1821.

DE

LA REINE D'ANGLETERRE

ET DE NAPOLÉON.

Quel sombre nuage s'est levé sur le monde! quelle réunion de funestes présages vient accabler les esprits et frapper les cœurs d'épouvante par la pensée de l'avenir? Les attentats les plus hardis contre la liberté des peuples, les forfaits les plus inouïs contre des princes malheureux, des chrétiens laissant lâchement assassiner des chrétiens; les barbares du nord inondant de nouveau le midi, la civilisation européenne livrée à l'ambition et aux glaives de quelques chefs de Huns, de Scythes et de Scandinaves; tel est le tableau qui se présente à mes regards enflammés de douleur et de colère! Hélas! la cendre de Napoléon n'est pas encore froide; le bruit de sa mort retentit dans l'Europe comme le récit d'un crime effroyable, et voilà qu'une reine expire en quelques heures de la même maladie que le héros! L'un fut jeté sur une plage brûlante et lointaine; aussi grand de ses revers que de sa gloire il mourut sans contempler les tendres objets de son affection et les champs de la patrie! L'autre, fille et épouse des rois, après avoir été abreuvée d'injures et d'humiliations, rend le dernier soupir au sein des vociférations de ses ennemis, et quand ses pleurs se mêlaient au poison qui a déchiré ses entrailles, reine, elle est tombée loin du trône au milieu de ses sujets!...

Ces événemens aussi extraordinaires qu'imprévus qui exercent sur nous une grande influence, seront un jour l'objet de méditations plus profondes, et peut-être qu'alors il sera permis de dire la vérité et de la faire connaître.

Sans vouloir établir de comparaison morale entre l'infortunée Caroline et le grand

Napoléon, je crois pouvoir assurer qu'il règne dans les circonstances de leur vie, de leurs souffrances et de leur mort une effrayante analogie.

Que ceux dont la plume est vendue au pouvoir, et qui puisent tant de motifs de louanges dans les malheurs de l'humanité, cessent enfin de combattre; il ont acquis les droits de la victoire, et leurs fronts peuvent se parer de ses palmes sanglantes. Oui, ils ont raison d'invoquer l'ignorance, les peuples éclairés ont trop à souffrir.... Ils ont raison de se cacher sous les voiles mystérieux des cultes, les prestiges religieux sont puissans sur l'imagination des hommes, et les trônes sont à l'abri des attaques de la raison derrière ce rempart formidable. Mais nos jeunes mains ne porteront pas l'encensoir devant les idoles à qui l'on sacrifie du sang humain; avant d'être sujets des rois, nous étions les citoyens d'une patrie, nous parlerons pour elle et nous attendrons l'avenir...

(6)

Il semble que les ministres anglais, en signant le traité de Paris de 1815, aient consenti la destruction de leur patrie et la honte de leur gouvernement, en même temps qu'ils abjuraient tout ce qui tient à l'honneur et à l'humanité. Leur haine pour la France les a entraînés trop loin, ils tomberont avec elle et peut-être avant elle.

Napoléon fut conduit à Sainte-Hélène ; dans une île où il règne, dans les temps les plus frais, quarante dégrés de chaleur. Cet exil était une injustice ; le choix de cet endroit était un véritable commencement d'assassinat ; on a déjà beaucoup écrit sur ce point, et je n'en dirai pas davantage.

On ne peut croire que l'Angleterre (1)

---

(1) Je prie mon lecteur d'observer que ces mots : la *France*, l'*Angleterre*, l'*Espagne*, ne veulent pas dire le *peuple français*, le *peuple anglais*, le *peuple espagnol*; cela s'entend des gouvernemens ou plutôt des ministres de la nation désignée, excepté cependant pour les gouvernemens qui ne sont pas constitutionnels,

se soit déshonorée gratuitement, elle avait sans doute un intérêt marqué à éloigner ainsi de l'Europe, celui qui exerçait sur elle un si grand pouvoir. Son nom était encore redoutable, et du sein de l'esclavage il avait toujours de l'influence à Carlsbadt, à Troppeau, à Laybach. Nul doute que l'illustre prisonnier ne dût un jour servir des projets qu'il ne m'est pas permis de désigner puisque sa mort les a anéantis. Tout à coup l'ex-empereur dévoré par un cancer, meurt dans les bras de quelques amis fidèles...

D'importans événemens se préparent en Europe ; les journaux soumis au joug et à la honte de la censure, l'ont dit, et je puis le répéter après eux. L'Angleterre qui a signé sa nullité et sa déchéance ; l'Angleterre ne peut plus s'opposer aux desseins ambitieux d'Alexandre, de ce monarque

---

c'est-à-dire qui sont despotiques sans constitution, comme ceux de *Russie*, d'*Autriche* ; de *Prusse*, etc. (Note de l'Auteur).

magnanime qui ne voulait aucune part
dans le tribut imposé à la France, mais qui
s'emparait de la Pologne, et préparait dès
lors les événemens de la révolution sous
laquelle va s'écrouler le trône de Constantinople. Quand toute l'Europe se réuni-
rait aujourd'hui contre le colosse formidable qui s'est élevé sur les ruines de la
France et l'impéritie de l'Angleterre, ses
efforts seraient inutiles, et la guerre immi-
nente dont nous serons les témoins ne
tournera pas à son avantage. D'ailleurs,
l'Autriche et la Prusse sont liées à la Russie par des intérêts plus sacrés que le traité de la sainte alliance, les rois nous ap-
prennent tous les jours quel cas on doit
faire de leurs protestations, de leurs pro-
messes et de leurs sermens. L'Autriche et
la Prusse appuieront donc de leurs forces
et de leurs armées les projets de l'empe-
reur Alexandre, ces cabinets hébêtés ne
craignent qu'une chose, la liberté!... Dès
que le Czar règnera à Constantinople, il
pourra imposer au reste du monde les con-

ditions qui lui plairont, et il enverra des Tartares à Londres et à Paris pour faire exécuter les chartes de Louis XVIII et d'Edouard.

Il n'en eût pas été ainsi, sans doute, si Napoléon, malade depuis le 1er mai 1821, ne fût pas mort d'un cancer héréditaire le 5 mai 1821. L'Angleterre aurait eu quelque moyen d'opposition que je m'abstiens d'expliquer. Mais l'heure était sonnée; le cercueil était prêt, et la liberté est descendue dans la tombe avec son oppresseur. Inconcevable destinée de la nature humaine! il n'y a dans elle que contradiction, et les méditations du sage sont sans cesse troublées par le bruit d'une étrange catastrophe qui confond la pensée et change le cours des choses.

Je crois avoir prouvé en peu de mots que l'Angleterre n'avait point intérêt à la mort de Napoléon, et que puisqu'il est mort d'un cancer, il est impossible de l'en accuser... Que mon lecteur réfléchisse et cherche ailleurs les causes de cet événement.

La reine Caroline avait promené dans l'Europe et l'Asie une réputation flétrie par la calomnie et la probité des ministres anglais. Quand le trône fut vacant elle revendiqua ses droits, elle aborda en Angleterre, fut saluée par le peuple, et l'épouse de George IV fut traînée devant la Cour des Pairs, où l'on déroula publiquement la longue série de ses prétendus crimes. Je ne viens point ici la défendre contre ses ennemis et ses bourreaux, depuis qu'elle n'est plus, moi, je la crois innocente; mais je vais parler dans une hypothèse contraire.

J'admets donc un instant que la malheureuse Caroline, délaissée par son époux et outragée par sa famille, se soit abandonnée à des passions que la nature suggère aux princes comme aux autres mortels. Pouvait-on la priver de ses titres et de ses droits? Ah! certes, je désirerais ardemment que la vertu fût le partage exclusif de ceux qui gouvernent les nations, mais est-il beaucoup de souverains qui soient plus que des hommes, et qu'on trouve ainsi exempts de tout reproche? Caroline était donc reine d'Angleterre, et si une conduite déréglée devait dépouiller les princes de leurs honneurs, ce n'est pas elle qui eût été forcée d'abandonner le trône la première.

On se rappelle de combien de persécutions Caroline a été l'objet, toutes ses démarches étaient surveillées, des espions apostés avaient le droit d'envenimer ses moindres actions, le ministère anglais n'a jamais perdu l'occasion de payer des traîtres ou des assassins. Cela est si vrai que l'homme, avec qui l'on accuse la reine d'être descendue à de coupables familiarités, cet homme, dit-on, fut d'abord l'agent du pouvoir qui poursuivait Caroline. L'on ajoute qu'il ne se montra dans la suite si attaché à sa personne, que parce qu'il fut vaincu par la résignation, la douceur et la vertu de cette princesse.

Dans le cours de ses voyages, la reine s'informait toujours de l'endroit où Napo-

léon s'était arrêté quand la victoire cou-
ronnait toutes ses entreprises, et que le
destin le conduisait par la main à travers
les dangers; elle voulait occuper le même
appartement, le même lit que le héros;
le malheur se plaisait à respirer l'air de la
gloire. Ce rapprochement étrange a frap-
pé mon esprit; tandis que le vainqueur de
l'Europe était enchaîné sur les rochers
brûlans de Saint-Hélène, l'épouse de son
déloyal ennemi, calomniée, persécutée,
parcourait les chemins que, quelques années auparavant, Napoléon avait couverts
de ses aigles; quelques années après, tous
deux sont descendus dans la tombe...

Le ministère anglais craignait-il vérita-
blement les partisans de la reine? Une
révolution pouvait-elle la venger de ses
cruels persécuteurs? je ne puis le croire, et
ce motif devient absurde quand on pense
aux chances de succès que le despotisme
peut avoir en Angleterre. Le peuple le plus
fier de sa liberté, n'en possède que le fan-
tôme; il a l'habitude de ne penser qu'après

les grands, et ce sont toujours ces derniers qui ont changé les dynasties et fomenté les révoltes.

La reine déploya le plus beau caractère au milieu des infamies qu'on inventa, pour la perdre dans l'esprit du peuple. Le procès scandaleux qui a fait rougir les accusateurs et les juges, avait sans doute diminué les forces de son âme. Quel être humain pourrait résister à ces discussions publiques de faits, qui, faux ou vrais, ne devraient jamais être révélés pour la paix des nations et l'honneur des rois. Je n'avais point soupçonné jusque là le degré d'avilissement auquel étaient arrivées les races privilégiées de la partie policée du globe. Je ne croyais point que la profonde immoralité dont on ose accuser les populations dégénérées, eût franchi le seuil des palais et dégradé la majesté du trône. Sans doute, j'aime mieux dans mes idées sociales, les lois du sénat que le sceptre des Tarquins, mais j'ai toujours conservé un grand respect pour les choses établies, et je pense encore que la vertu des princes est un bien des nations. Que si jamais les faiblesses de l'humanité se font trop apercevoir dans les hommes condamnés au pouvoir, il faut les couvrir d'un voile impénétrable, et laisser aux peuples la pensée conservatrice que les princes valent mieux qu'eux... Mais je demanderai de quel droit des libertins se plaindraient du libertinage, de quel droit le fils d'un usurpateur poursuivrait de ce nom, celui qu'une nation avait appelé à l'honneur de la gouverner. Telle est cependant la situation dans laquelle se trouvait le roi d'Angleterre.

Enfin, le moment de punir la reine des caprices de son époux était arrivé, on a profité du temps où après son couronnement, celui-ci achevait un voyage dans une partie de ses états. On sait que précédemment le roi a manifesté l'intention de faire prononcer un divorce et de contracter de nouveaux nœuds. Tout cela était bien combiné, et la mort de la reine porte un tel caractère d'atrocité que je n'emprunterai maintenant pour peindre ses dernières souffrances que les couleurs des journaux anglais.

Le premier bulletin parlait d'une *inflammation d'entrailles*, et les rapports ultérieurs des médecins n'ont donné aucune autre explication précise. La reine devait mourir d'un cancer.

Voilà comment s'exprime le journal du ministère *(The Courier)*.

« Jeudi 2 août, dans l'aprés-midi, S. M. la reine a été saignée, et hier samedi, on lui a ôté 66 onces de sang en quatre fois, ce qui a procuré quelque soulagement. Le reste de la journée et toute la nuit ont été assez tranquilles, mais les symptômes de la maladie sont restés les mêmes jusqu'à hier matin cinq heures. Entre cinq et six heures, on ordonna un bain chaud dans lequel S. M. resta environ un quart-d'heure; elle éprouva quelque soulagement, mais les symptômes de la maladie ne changèrent pas. Après le bain, et jusqu'à neuf heures

et demie, S. M. ne put rien garder dans l'es-
tomac, ce qui empêchait les médicamens
que l'on donnait de produire l'effet désiré ;
dans le cours de la soirée, on envoya
chercher le docteur Ainslie. Depuis que la
maladie a pris un caractère dangereux, les
docteurs Maton, Warren et Holland ont
toujours été auprès de S. M. Hier soir, MM.
Brougham et Denman, le docteur Lu-
shigton et M. Wilde étaient chez la reine,
où ils sont restés fort tard. »

« Hier soir, la reine a connu son dan-
ger. Elle s'est conduite avec beaucoup de
noblesse, comme dans toutes les occasions
difficiles où elle s'est trouvée ; elle a reçu
avec la plus grande résignation tous les
secours qu'on lui administrait, en disant
en même temps, de l'air le plus calme,
qu'elle les croyait inutiles ; elle fit observer
aux spectateurs qu'il fallait qu'elle eût une
constitution bien forte pour supporter
tant de fatigues et d'inquiétudes, mais
qu'elle craignait d'être arrivée à la dernière
épreuve. Son courage et sa fermeté firent

une profonde impression sur toutes les personnes qui l'entouraient. Le docteur Holland ayant voulu manifester quelque espérance : « Non, mon cher Monsieur, lui dit la reine, je sens que votre espérance sera déçue. »

« L'état de S. M. était si alarmant dans la soirée (le 3), que M. Fox a été appelé pour recevoir son testament; à neuf heures il était fait. MM. Brougham, Denman et le docteur Lushington sont restés à Brandebourg-House jusqu'à onze heures. Aujourd'hui 4, à neuf heures, le bulletin suivant a paru :

« S. M. a eu une nuit passable et a un » peu sommeillé. Ce matin, les symptô- » mes de la maladie sont à-peu-près les » mêmes qu'hier.

» *Signé*, Ainslie, Maton, Waren et Holland. »

« Brandebourg-House, le 4. »

« A midi, on a publié le bulletin sui- « vant; S. M. dort profondément depuis

» six heures du matin ; tous les symptômes « sont les même. »

(Signé comme ci-dessus.)

« Nous apprenons qu'à une heure, le docteur Lushington a montré dans la cour de la vice-chancellerie une lettre qui annonçait qu'il n'y avait plus d'espoir. Quatre médecins sont continuellement de service auprès de S. M. »

Le *Sun,* autre journal du soir, à publié à 2 heures l'article suivant :

« Il aurait fallu que S. M. fût plus qu'humaine pour rester insensible aux outrages dont elle était sans cesse l'objet de la part des journaux ministériels. Ceux qui voulaient des faveurs et de l'or savaient bien que calomnier S. M. était le meilleur moyen de parvenir à leur but. »

« Les journaux indépendans, ajoute le *Statesman,* lui avaient rendu de grands services pendant son procès ; mais la décision du parlement ayant mis fin à l'appui que lui offraient certains journaux, ses ennemis ont redoublé de fureur, et il n'est pas étonnant que S. M. ait enfin sucombé. »

« On devait supposer que cette persécution aurait au moins cessé au commencement de la maladie *alarmante* de S. M. ; que la décence aurait fait suspendre toute espèce d'attaque pendant que cette victime était étendue sur un lit de mort ; mais loin de là, il semble que la reine près d'échapper à leurs persécutions ait augmenté la haine de ses ennemis. Le *Courier* d'hier, qui contient deux bulletins sur sa santé, n'a pu se dispenser d'y ajouter un grossier libelle. Il y a dans cette guerre inhumaine quelque chose qui répugne au caractère anglais, et qui lui est tout-à-fait étranger. »

Caroline, reine d'Angleterre, n'est plus... une maladie imprévue, dont les violens symptômes portent le caratère effrayant du crime, l'enlève au peuple qui plaignait ses malheurs et reconnaissait en elle quelques vertus, si la bienfaisance et la douceur doivent être chères à l'humanité.

Elle n'est plus... et ses persécuteurs ne manqueront pas de rappeler leurs accusations contre elle pour atténuer le crime de sa mort.

Caroline a été sacrifiée à l'intérêt particulier, et Napoléon à la politique ; je ne crains pas de le répéter : tous deux sont morts de la même maladie.

Où s'arrêtera maintenant ce délire cruel qui s'est emparé des cabinets européens ? Las de trahison et de perfidie, ont-ils résolu de n'employer désormais que le fer ou le poison !

Malheur cent fois à ceux qui s'abandonnent à cet affreux système, un jour les tombeaux s'ouvriront, et les voix funèbres qui s'élèveront de la terre, prononceront l'anathême. Mais que dis-je ? les deux cercueils ne font que précéder d'autres funérailles ; bientôt les cancers auront produit d'autres effets.....

Dormez en paix, victimes des tyrans ! dormez en paix, la sainte alliance n'a pas en-

core achevé son ouvrage. Bientôt lé monde connaìtra mièux sa bonne foi et sa ma-
gnanimité. De quel droit maintenant ca-
lomnirait-elle les peuples? où sont les ré-
volutionnaires et les ennemis de la paix ?...
je m'en vais le lui apprendre.

On accusa Napoléon d'avoir détruit la
liberté, la réligion, la morale; la sainte
alliance se forma, et voilà ce qu'a fait la
sainte alliance : elle a eu des armées plus
nombreuses que Napoléon, elle a acheté nos
généraux, dévasté la France et scandalisé
les peuples par la plus insigne mauvaise
foi.

Des soldats à qui la France confiait
l'honneur de combattre à côté de ses héros,
tournèrent tout à coup le fer contre leurs
frères d'armes ; ils égorgèrent de sang
froid ceux que naguère protégeaient leurs
bataillons. Cette défection, inouïe dans les
fastes des nations, suffit à l'honnête homme pour établir son opinion sur les choses
politiques de l'Europe. Vauvenargues

avait bien raison de s'écrier : La liberté n'a-t-elle pas plus à se plaindre des esclaves que des tyrans ?

FIN.

DE L'IMPRIMERIE DE CONSTANT-CHANTPIE,
Rue Sainte-Anne, n° 20.